3256

LES VERTUS

THÉOLOGALES

Foi. — Espérance. — Charité.

POÈME

PAR

Mme A. LANGRAND,

PEINTRE.

PARIS,

HERVÉ, LIBRAIRE, 53, RUE DU FOUR-SAINT-GERMAIN.

—

1852.

LES VERTUS

THÉOLOGALES.

Montmartre.—Imp. de PILLOY, LANGRAND et C., boul. Pigale, 50.

LES VERTUS

THÉOLOGALES

Foi. — Espérance. — Charité.

POÈME

PAR

Mme A. LANGRAND,

PEINTRE.

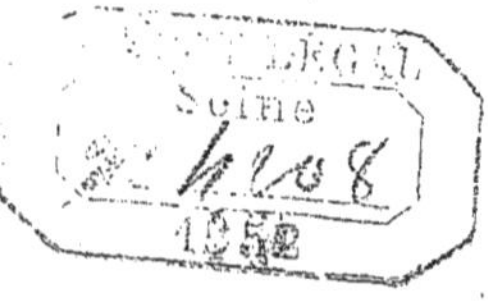

PARIS,

HERVÉ, LIBRAIRE, 33, RUE DU FOUR-SAINT-GERMAIN.

—

1852.

Le christianisme depuis dix-huit siècles et demi répand ses bienfaits sur la famille humaine, par les vertus fondamentales de notre croyance : la Foi, l'Espérance, la Charité. Par la Foi, nous croyons fermement en Dieu et à tout ce qu'il nous a révélé; la Foi supplée à la faiblesse de notre intelligence. Par l'Espérance, nous attendons avec confiance les biens que Dieu nous a promis, et nous supportons patiemment les peines de cette vie en nous appliquant à la perfection pour mériter la vie éternelle. Par la Charité, nous aimons Dieu pour lui-même par-dessus toutes choses, et notre prochain, par rapport à Dieu, comme nous-mêmes. « La loi et les prophètes, a dit N.-S. Jésus-Christ, sont renfermés dans les deux commandements de l'amour de Dieu et du prochain. » Tel est l'enseignement de l'Église duquel j'ai pris à tâche de ne point m'éloigner par des tournures poétiques.

Devant la grandeur, la puissance et la bonté du Créateur, l'homme pénétré de sa faiblesse et de sa misère doit accepter avec une vive reconnaissance le secours lumineux de la religion chrétienne, la seule divine, la seule qui, par ses commandements, sa morale et ses promesses, rende la dignité et le bonheur à l'humanité.

En effet, tout ce qu'il y a au monde de grand, de saint : la civilisation, la famille, est l'œuvre du christianisme. Sans l'orgueil qui s'attribue tout, sans l'ignorance qui juge sans connaître, on n'aurait pas ce triste spectacle offert par des esprits d'élite qui poussent l'ingratitude, la folie, jusqu'à nier la source abondante que le divin Législateur est venu mettre à notre portée. Sans ces causes, ces mêmes esprits, respectant jusqu'au moindre trait de la loi parfaite, indestructible, l'Évangile, serviraient de guides aux faibles au lieu de les égarer.

Dans tous les temps, et aujourd'hui plus encore, la foi sincère oppose à l'erreur un concert de louanges à la gloire de Dieu. Puisse la voix que j'élève y être admise !

LES VERTUS
THÉOLOGALES.

FOI. — ESPÉRANCE. — CHARITÉ.

Abraham crut à Dieu, et sa foi lui fut imputée à justice.

(GÉNÈSE, XV, 6.)

Tous les hommes qui n'ont point la connaissance de Dieu ne sont que vanité : ils n'ont pu comprendre par les biens visibles le souverain être, et ils n'ont point reconnu le Créateur par la considération de ses ouvrages.

(SAGESSE, XIII, 1.)

Vous qui craignez le Seigneur espérez en lui, et sa miséricorde viendra vous combler de joie.

Il se souviendra de vous aux jours de l'affliction.

(ECCLÉSIASTIQUE, II, 9, III, 17.)

Les grandes eaux n'ont pu éteindre la charité, et les fleuves n'auront pas la force de l'étouffer. Quand un homme aurait donné toutes les richesses de sa maison pour la charité, il les mépriserait comme s'il n'avait rien donné.

(CANTIQUE DES CANTIQUES, VIII, 7.)

LA FOI.

La victoire par laquelle le monde est
vaincu, est l'effet de notre foi.
(SAINT-JEAN. V. 4.)

SEIGNEUR, soutiens ma voix, daigne inspirer mes vers.

Je crois au Dieu puissant qui forma l'Univers,
A son Verbe éternel, sagesse inaltérable,
Abaissant jusqu'à nous sa parole adorable ;
Source qui verse au cœur les divines vertus,
Et de simples mortels vient faire des élus,
Quand son Esprit enfin, qui donne à tout la vie,
Par l'amour, la justice, éclaire et sanctifie.

Je crois : ce mot profond élève le chrétien,
Lui donne un Dieu qu'il aime, et la foi pour soutien....

Jéhovah, pur esprit... éclatante lumière,
Immuable moteur du temps, de la matière,
Centre qui réunis toute perfection,
Ton œuvre nous invite à l'adoration !

Quel ingrat oserait s'y refuser?... L'athée !
Son âme suit l'orgueil, se croit indomptée ;
Méprisant la lumière, il clôt ses yeux, son cœur,
Afin de conserver une funeste erreur.

Pourrait-il, les ouvrant, nier la voix intime
Qui révèle partout un Créateur sublime ?
Pourrait-il, désormais, résister à la foi ?
Non : l'esprit qu'elle éclaire obéit à sa loi.
Cette vertu, fidèle à la reconnaissance,
Suit de la terre aux cieux l'œuvre de Providence ;
Simple dans sa candeur, on la voit reposer
Sur le texte sacré. Peut-il en imposer ?
C'est l'histoire du monde, écrite par nos pères,
Où viennent s'enchaîner malheurs et jours prospères ;
Où Dieu, tenant en main le présent, l'avenir,
Toujours contre le mal daigne nous prémunir,
Et fait briller encor sa tendresse éternelle,
A cette heure où le Christ donne la Loi nouvelle...

Oui! l'homme en sa faiblesse a pour soutien ce Dieu
Dont l'invisible main le protége en tout lieu,
Et c'est en y croyant que l'âme est forte et pure;
Son nom même est l'appui de l'humaine nature.
Dieu! c'est l'acte de grâce exprimant le bonheur,
C'est l'invocation, le cri de la douleur....
Ce Dieu, qui pour le crime est le bras qui foudroie,
Répand sur l'innocence une paisible joie,
Lui donne avec amour le sublime flambeau!
Quand le doute l'éteint.... l'âme est comme un tombeau...

Athée, ouvre les yeux! vois : le soleil t'éclaire,
Sa chaleur bienfaisante anime tout sur terre;
Son éclat forme un jour, puis aux regards il fuit...
Nous laissant un reflet pour adoucir la nuit.
Vois les quatre saisons se partageant l'année :
Pour nous combler de biens chacune fut formée;
Dans leur cours régulier, on les voit revenir,
Ainsi qu'au temps passé, temps présent, avenir.
Le printemps tout en fleurs est une immense fête;
La nature se pare et son œuvre s'apprête;
L'été laborieux complète chaque fruit;
L'automne aux chauds rayons les dore, les mûrit.
Qui ne serait ému devant cette abondance?
Comment tout récolter? Le temps passe et s'avance!...
L'hiver accourt donner un utile repos,
Pour serrer la richesse en précieux dépôts;

Pour disposer aussi la moisson qui va naître,
La terre de nouveau doit tribut à son maître.

Aux effets du hasard que peux-tu reporter?
Cet aveugle à deux fois ne sait rien répéter;
Son œuvre irrégulier, comme un présent d'avare,
Arrive à contre-temps, inutile ou bizarre!

Le grand Régulateur qui forma terre et mer,
Cet esprit, dominant les astres et l'éther,
Surveille l'infini... Tout d'obéir se presse...
Sans lui, tu n'entendrais qu'un long cri de détresse!
Sans lui... que deviendrait ce tableau si touchant,
L'amour de toute mère allaitant son enfant?
Ce lait mystérieux : son sein même l'épure,
Elle a transmis la vie, elle aide la nature.
Le miracle est complet : les soins de l'Éternel
Ont un écho vivant dans le cœur maternel...
Il vibre... se transmet... et l'oiseau le plus frêle
Elève ses petits, sur eux étend son aile.
Mais l'être qui naît seul, délaissé, va mourir?
Non, sitôt qu'il respire il trouve à se nourrir;
Par instinct naturel la pondeuse attentive,
Dépose toujours l'œuf pour qu'il éclose et vive;
L'arbre reçoit l'insecte et lui donne aliment;
Le poisson dans les eaux naît et vit sûrement.

Le hasard disparaît devant la Providence,
Car partout tu liras : POUVOIR ET PRÉVOYANCE.
Oh! ne résiste plus, mon discours incomplet,
Du grand livre céleste est à peine un feuillet...
Mais poursuivons encor. Observe la jeunesse ;
L'homme fait la dirige, aidé par la vieillesse,
Qui lui prête à la fois et prudence et savoir.
Le vieillard, à son tour, compte sur le devoir
Pour trouver un bon fils aux dernières années,
Qui ne le quittera que paupières fermées.
Quel ange a pu former ce mutuel soutien?
La foi! qui vient guider notre amour pour le bien.
Une voix m'interrompt. — Son dogme est trop sévère :
Il faudrait assister, aux vieux jours, père et mère,
Les honorer tous deux pour vivre longuement!
Hé, pourquoi me soumettre à ce commandement?...
— Cette voix, c'est ton fils... tu l'entends, il s'oppose
A ce que ton espoir sur lui jamais repose...
Tu voudrais l'éclairer, le ramener au bien :
Comment te croira-t-il, si tu ne crois à rien?...
Père ingrat, fils ingrat : c'est le fruit de l'exemple.

Mon Dieu, quand verras-tu dans tous nos cœurs un temple?.
Quand aussi ta grandeur fera-t-elle trembler
Les pécheurs endurcis que rien ne sait troubler?
Ah! ceux qui font paraître un austère mérite
Pour cacher leurs méfaits sous un voile hypocrite

Pensent-ils t'abuser, disant : Seigneur! Seigneur!...
De t'offenser ainsi n'ont-ils pas de frayeur?
Comprendront-ils enfin que ton œil invisible
Plane éternellement, ô pouvoir invincible!...
Que notre cœur en vain cherche à se concentrer?
Tu perces tout mystère et veux le pénétrer.
L'homme devant autrui garde une retenue;
L'âme sous ton regard est encor plus émue!
Et si nous redoutons le mépris du prochain,
Pourquoi donc bravons-nous ton blâme souverain?...
Hélas! c'est qu'aujourd'hui la croyance est légère;
Oubliant ta puissance, on craint peu ta colère...
L'homme juge de tout en sa fragilité,
Abuse du présent, rit de l'éternité!

Athée, où toi déiste, incrédule rebelle,
Viens, considère enfin notre divin modèle :
Jésus, nature humaine exempte de péché;
Jésus, ce Dieu qui vint, par notre sort touché,
Apporter humblement... la morale profonde...
Qui traverse les temps, régénère le monde :
L'Évangile imprégné du sang de ton Sauveur...
Oh! les siècles passés sauront troubler ton cœur,
Tous viendront répéter : Notre foi te condamne!
Réduis un fol orgueil, ÉLÈVE A DIEU TON AME.

L'ESPÉRANCE.

> Si devant les hommes les justes ont
> souffert des tourments, leur espérance
> est pleine d'immortalité.
>
> (SAGESSE, III, 4.)

L'Éternité saura, comblant notre espérance,
Nous révéler enfin la suprême puissance.

Quand misère et bonheur pour jamais ont passé,
Le cours de l'existence au Ciel est retracé.
Mais comment s'accomplit l'heure juste et divine?
Notre faible raison s'égare, puis s'incline....

Dieu nous a refusé même de soulever
Le voile que ses mains daigneront enlever.

L'incrédule sourit, et traite de folie
Ce sentiment inné : qu'il est une autre vie !

Dieu formant l'homme a dit : Sois intelligent, vas....
Pour toi j'ai fait le monde, et là tu régneras.
Par nous tout est dompté, hormis notre malice,
Qui nous gêne et meurtrit, véritable cilice.
La volonté suprême, en sa perfection,
Nous aurait accordé l'âme, divin rayon,
Pour la précipiter dans un rebut infime !
L'homme serait créé, comblé, puis fait victime !
Et le bonheur sur terre? un idéal, hélas !
Qu'en vain nous poursuivons, et qui ne s'atteint pas....
Viendrait-il exciter nos désirs, notre envie,
Si Dieu ne l'eût placé dans l'immortelle vie ?
Enfin si nous mettons en Dieu seul notre espoir,
Oserons-nous douter du céleste vouloir?
Oh! non. Nous devons croire aux élans purs de l'âme,
La honte du néant appartient à l'infâme.

L'incrédule répond : Dieu pourra-t-il jamais
Séparer et juger nos maux et nos forfaits?
De ses dons à chacun la part est inégale,
Il ne peut demander, vienne l'heure finale,

Que ce qu'il a donné. Dissertez, c'est en vain :
Du corps et de l'esprit notre mort est la fin.

Vanité! l'incrédule en sa réplique impie,
Ce qu'il ne comprend pas, le repousse et dénie;
Dans son esprit étroit, il voit le Créateur
Impuissant à punir, et du mal seul auteur.
Hautement répondons à ce triste chapitre :
Entre le bien, le mal, l'homme est son propre arbitre,
Et de l'humanité l'esprit le plus obtus,
S'il obéit à Dieu, peut avoir des vertus;
Chacun, suivant son lot, non suivant l'impossible,
Rendra compte, à son heure, au grand juge impassible.

Mais l'incrédule encor soutient un argument :
Le vice originel, qui fait notre tourment;
Il peint avec éclat cette éternelle lutte,
L'homme à ses passions cruellement en butte.
Matérialiste, il dit : Par l'esprit et le cœur,
L'homme est prédestiné pour être, ou non, vainqueur.

Sophisme!... s'est-il vu qu'à son début l'athlète
Fût habile à l'instant, et de force complète?
Longtemps ne faut-il pas, bravant le chaud, le froid,
Affrontant le martyre à tout pas, sans effroi,
Qu'à la peur son esprit toujours inaccessible

Stimule son courage et le rende invincible?
Serait-il donc vainqueur, s'il luttait faiblement?...

A nos mauvais désirs résistons fortement;
Nous connaîtrons alors que notre âme s'épure
Et que l'amour du bien élève la nature :
Des poisons avec soin nous préservons le corps,
Sur l'âme veillons mieux, le vice a mille morts.

Secourons le mortel s'oubliant sur la terre,
Négligeant pour le mal tout le bien qu'il peut faire.
L'ennemi, c'est le doute, il détourne ses pas.
Démontrons l'autre vie, après notre trépas;
La vertu ralliîra plus d'un cœur infidèle,
Qu'une profonde erreur avait éloigné d'elle.
Le doute doit céder devant le grand pouvoir,
Moteur de l'Univers, et qui sut tout prévoir.

Tels de pauvres mineurs, perdus sous les décombres,
Atterrés par l'effroi, hâves comme des ombres,
Renaissent, quand l'un d'eux s'écrie avec amour!
Frères! venez, venez!... j'ai retrouvé le jour.

Tels vous, pauvres pécheurs, trompés par l'ignorance,
Frères! vous succombez.... écoutez l'Espérance!....
Incrédule orgueilleux, sois muet cette fois,
La superbe raison vient lui prêter sa voix.

Jamais perfection n'engendra maléfice,
On ne peut croire en Dieu sans croire à sa justice.
Mortel, il te forma pour aimer sa bonté,
Garde pour ton essence une juste fierté,
Tout l'Univers atteste, en son ordre admirable,
Que ce bien si réel, l'âme! est impérissable.
Tu prétends la réduire à l'instinct? Désormais
Un antre suffira, pourquoi donc ces palais?
Pourquoi ces monuments, qui, redisant ta gloire,
Aux siècles à venir porteront ta mémoire?....
Quand ton cœur n'est partout que faste et vanité,
Laisse-moi t'accuser de fausse humilité :
Si tu veux avilir notre famille humaine,
C'est que BIEN VIVRE, hélas! t'offrirait quelque peine....

L'homme cherche l'espoir jusqu'au plus haut des Cieux!
La brute cherche à terre, où s'attachent ses yeux.
L'un suit le noble essor de son intelligence,
L'autre n'a qu'un seul but : trouver sa subsistance....
A tout être sa sphère, à tout fruit sa saison;
Aux animaux l'instinct, à l'homme la raison!
Car la création n'offre rien de futile,
Tout a sa raison d'être : un atome..... est utile!

A ton faible niveau soumettant l'infini,
Tout se réduit à rien..... Ce triste défini,
Ce résumé funeste, enlève à la souffrance

Son fidèle secours, ô divine Espérance !
L'incrédule t'arrache à nos cœurs éperdus !
Sans toi que deviendront nos trop faibles vertus ?
La résignation, ta fille la plus chère,
Qui désarme le Ciel et rachète la terre,
Qui par toi sait donner le courage au martyr,
Et ce calme imposant qu'il garde pour mourir ;
Reviens la protéger ! Espérance féconde,
Pour dorer nos pensers, et consoler le monde,
L'Éternel a pris soin de former ton pouvoir.
Oh ! près du malheureux descends encor t'asseoir,
Ange ! viens l'entourer de tes brillantes ailes ;
Viens montrer aux humains les rives éternelles ;
Dis-leur qu'ils ont une âme, et, pour sécher leurs pleurs,
Que le Dieu juste et bon tient compte des douleurs....
Dis au pécheur contrit, pour calmer son alarme,
Que le pardon divin peut naître d'une larme....
Dis au juste qu'en paix il doit vivre et mourir :
Le Ciel et la vertu formèrent son désir.
Sois toujours avec nous, céleste messagère,
Sois le gardien des cœurs, l'appui de la prière.

L'impie est-il soumis ? Non, hélas ! il prétend
Que, si le corps s'altère, à rien l'esprit descend.
Comment le convertir ? Dans son âme rebelle,
Il ose défier la puissance éternelle !....

Observe donc aux Cieux les astres suspendus !

De ton savoir si grand montre-nous les vertus.

Où s'arrête le Ciel, cette immense étendue,

Faisant suite à l'éther, où plonge notre vue?

Cet espace étoilé, quel mystère profond !

Aux yeux c'est l'infini.... Comme Dieu nous confond !...

Sur terre juge encor. Vois la moisson des plaines :

Un grain de blé fournit huit épis, têtes pleines.

Interroge un instant le sol de la forêt :

Un gland produit un chêne, à milliers le gland naît !

Sitôt maturité, l'action recommence....

C'est le germe sans fin, pour nous mystère immense....

Pour abaisser l'orgueil, tout semble réuni,

L'être microscopique atteste l'infini....

Mais que réponds-tu? Rien !.... le silence confesse,

Juge présomptueux, ton extrême faiblesse.

Rentre en toi, pense, agis avec humilité,

Si tu veux obtenir pardon d'avoir douté....

Limiter l'Éternel en sa toute-puissance,

Est un crime odieux!.... Non.... C'EST DE LA DÉMENCE !!!

LA CHARITÉ.

La Charité est patiente, douce, bien-
faisante, point envieuse; elle ne se réjouit
point de l'injustice, mais elle se réjouit
de la vérité.
(PREMIÈRE ÉPÎTRE DE SAINT-PAUL AUX
CORINTHIENS, XIII, 4, 6.)

O sainte Charité! dévoile tes secrets,
Fille céleste, viens éteindre nos regrets,
Chasse le sombre esprit qui s'empare de l'homme,
Le cruel Égoïsme! avec peine on le nomme...
Il se retranche en nous, au fond de notre cœur,
Et trouble la vertu pour être son vainqueur.

Quand Dieu fit tout de rien... à ce moment suprême...
Où, venant révéler une puissance extrême,

Apparurent les cieux, pleins de sa majesté !
La terre et ses produits témoignant sa bonté !
La mer : que l'infini semble avoir pour prélude...
De tous les animaux la riche multitude...
Et ces mille vallons aux riantes couleurs,
Aux ombrages si frais remplis de fruits, de fleurs,
Arrosés de canaux où coule une onde pure.
Ce spectacle imposant... ô sublime nature !...
Dépasse mes efforts, et les tient arrêtés...
Comment donc retracer ton luxe, tes beautés,
Et les riches trésors de ta munificence?
Pour qui cette merveille où tout est prêt d'avance?...
C'est pour ce Roi créé par le souffle divin :
L'Homme ! Dieu le destine à la plus haute fin,
Lui montre deux sentiers, dont un seul est à suivre.
Puis, l'ayant éclairé... l'homme demeure libre.

.   .   .   .

Or, l'Éternel disait : Pour tous le soleil luit,
Tous se reposeront au calme de la nuit;
La terre est généreuse, ils auront jours prospères,
S'ils veulent m'obéir, et vivre comme frères.

.   .   .   .

.   .   .   .

L'homme est perdu ! chassé... les soupirs douloureux
Marqueront tous ses jours devenus malheureux,
Car la terre pour lui ne sera productive
Qu'après un dur travail : Dieu veut ainsi qu'il vive.

Il est déchu : sur lui pèse un juste courroux.

Saura-t-il mériter un avenir plus doux ?

Las !... bientôt de l'orgueil la dangereuse ivresse

Lui fait mépriser Dieu, repousser la sagesse.

Désormais sans égard, accaparant le bien,

En partage à son frère il ne laisse plus rien ;

Tantôt, foulant aux pieds l'honneur et tout principe,

Prend aux siens leur avoir, en un jour le dissipe...

Tantôt par la débauche, altérant son destin,

Passe comme l'éclair qui paraît et s'éteint...

Ses tristes descendants, nés sous augure sombre,

Laids, difformes, souffrants, de l'homme à peine l'ombre,

Repoussés sans pitié, deviennent tous mauvais,

Se vengent, donnent jour aux vices, aux forfaits !

Ils font peser ainsi les fautes de leurs pères

Sur le reste innocent... Les passions amères

Fermentent dans leurs cœurs, puis cet ardent levain

Par la haine détruit tout amour du prochain...

Egoïsme et Discorde, établissant la lutte

Pour un seul brin de paille, élèvent la dispute ;

L'homme jure, blasphème, en ses emportements ;

Ce ne sont plus que cris et que déportements !

Il outrage le ciel ! sa fureur est complète :

Dieu l'extermine enfin dans l'immense tempête.

La nature vivante a disparu sous l'eau...

Partout naufrage et mort... Notre monde ! un tombeau.

.   .   .   .

Un seul juste est sauvé. La divine Sagesse
Espère encor sur lui reposer sa tendresse.

. . . .

Hélas! fils de Noé, qu'êtes-vous devenus?
Dites, qu'avez-vous fait de ces belles vertus
Que vous teniez de lui comme un riche héritage,
Et que vous auriez pu nous laisser d'âge en âge?
La Vertu... de nos jours on est à l'épeler,
Cette fille des cieux est lasse d'appeler...
Comme au temps de Noé, les hommes s'assourdissent,
Leur cœur se rétrécit, et leurs défauts grandissent!

Charité, tu combats, tu voudrais réparer
Ce qu'un malin esprit a trop bien su gâter;
Ton dessein généreux a-t-il brillante armée?
Non. Ta phalange est faible, et partout clair-semée;
Encor nombre d'alliés, faussant leur mission,
Demeurent dans tes rangs par ostentation!
Et ceux-là sans rougir se donnent pour adeptes;
Un affreux égoïsme établit leurs préceptes;
Orgueil est tout chez eux, ne donnant rien pour rien,
Ils n'ont que tes dehors, c'est un masque chrétien...
Ton essor généreux, et cette duperie?
C'est la chaste vertu devant la pruderie!

— Paix! dit la Charité, j'évite les éclats,
J'ai là, grâces à Dieu, mille excellents soldats.

Leurs cœurs, pour me servir, sont grands, inaltérables,
A chercher la misère ardents, infatigables!
Puis mille et mille encor me prêtent leur appui,
Alors qu'ils sont émus par les douleurs d'autrui.
Enfin, mes chères sœurs, toutes ces bonnes filles,
Pour consacrer leurs soins, quittent plaisirs, familles!
Comment louer assez un dévoûment si beau,
Que rien ne peut lasser, zèle toujours nouveau?...
Admire cette ardeur pour calmer la souffrance,
Cette douce parole enseignant l'espérance,
Affirmant que le Ciel possède l'avenir,
Au mourant éperdu, sentant qu'il va finir...
Mes sœurs, accomplissez votre mission sainte!
Oh! fuyez sans regret le monde et son atteinte.

Regarde ce tombeau, fruit d'un cruel combat,
Tes frères s'égorgeaient..... un illustre prélat[1],
Tremblant de voir sur eux descendre l'anathème,
Courut, invoquant Dieu, dont il portait l'emblème,
Remplacer le poignard par le rameau de paix.
Las! un plomb meurtrier.... ô jour triste à jamais....
Trop ardente pitié d'une palme suivie....
Le digne prélat tombe.... et bientôt perd la vie....
« Que mon sang, ô mon Dieu, soit le dernier versé! »
Il dit.... et son esprit aux Cieux s'est élancé.

[1] Monseigneur Affre, Archevêque de Paris.

Acceptant du martyr le pieux héritage,
Un autre fils reprend le saint pèlerinage,
Il exalte mes droits : et par lui l'orphelin,
Élevé doucement loin du souffle malin,
Pourra sécher les pleurs d'une douleur amère....
Un heureux avenir succède à sa misère.

Je suis fière, à tous pas tu vois un noble cœur ;
Ce ministre divin [1] me sert avec ferveur :
Un jour il consolait en différents hospices,
Mes temples, consacrés au malheur, aux supplices !
Ce bon pasteur, voyant qu'un malade avait froid
Et que son mal doublait, se dit tout en émoi :
Je suis un égoïste ! et, dans un endroit sombre,
De ses chauds vêtements il retranche le nombre....
Ce fidèle récit dévoile à peine un coin
D'une charité grande et cachée avec soin.
S'il vient pour exhorter, ce généreux apôtre
Accomplit son salut en éclairant le vôtre.
Il dit comme saint Jean : « Aimez, assistez-vous. »
Le Ciel veut en retour ce spectacle si doux,
Suivez l'élan du cœur, ayez volonté pure,
Aimez Dieu ! corrigez votre faible nature ;
Priez ! du haut des cieux il vous voit, vous entend !
Et son esprit toujours vous guide et vous attend...

[1] M. l'abbé St.

La peine d'ici-bas de la gloire est suivie ;
Frères, pour mériter la bienheureuse vie,
Appliquez-vous sans cesse à la perfection,
C'est le fonds simple et grand de la religion.
Sans peine édifiant ceux qui viennent l'entendre,
Enfants, pauvres d'esprit, sont admis à comprendre ;
Et, la rougeur au front, l'incrédule touché,
Se trouble... se repent... dit : Seigneur, j'ai péché !
Le doute sans refuge abandonne son âme,
L'erreur cède à la Foi, qui ranime sa flamme.

Parmi tous ces mortels émules de mon nom,
Que j'aime celui-ci [1], pour les pauvres si bon !
Seigneur fais que le riche, à ma voix plus fidèle,
Vienne multiplier ce trop rare modèle :
Paris entier connaît le Petit-Manteau-Bleu !
L'homme au blason céleste, honoré dans tout lieu !
Courant, courant toujours, où règne la misère ;
Qu'il puisse en faire tant, pour moi c'est un mystère...
Hélas ! que ne peut-il, survivant à jamais,
Eterniser ainsi l'exemple des bienfaits !

Vois la modeste enfant, cette jeune ouvrière
Apporter son offrande avec une prière,
Tu réponds : Ho ! si peu... C'est en dîmant son pain
Qu'elle vient en donner à son pauvre prochain ;

[1] M. Champion.

Et ce peu-là m'est cher, c'est la vive étincelle
Servant de conducteur à ceux plus riches qu'elle ;
Un bel exemple à suivre... Aussi Dieu la bénit ! ..
De la veuve un denier fut-il un don petit?

Tous ces traits sont touchants , ils disent ta puissance,
Et comme un pur hommage à ta divine essence ,
Toute âme s'attendrit en voyant ta vertu.
Charité, tu gémis ! quelle douleur as-tu?

— Je vois le monde entier, oubliant l'Évangile ,
Devenir, chaque jour, plus méchant , plus fragile ;
Partout la sombre envie est du juste l'écueil,
Le bonheur du prochain lui met l'esprit en deuil,
Rebutant ce qu'elle a , pour désirer sans cesse ;
Tout change à son optique, ainsi qu'en folle ivresse.
J'entends la médisance, elle frappe sur tout ;
A l'entendre le mal dominerait partout !
Détruisant sans motif, souvent sans perfidie,
Elle se rend l'écho de toute calomnie ;
Un mot faux ou léger, peut gâter un bonheur ,
Détourner l'amitié, ternir même l'honneur !
Depuis longtemps ma voix poursuit cette imprudente ;
L'arrêterai-je, enfin? Mon Dieu, que je suis lente...
Oh ! combien de pensers viennent à leurs propos
Attrister mon esprit et troubler mon repos...
La vertu , le talent, sont un cruel ombrage

Pour tous les êtres nuls qui manquent de courage...
Mais ils gardent celui de bien lancer un trait,
Aussitôt qu'un mérite en ce monde apparaît !
Et jusque-là ces mains, à toute œuvre débiles,
S'animant pour le mal, y deviennent habiles !
Je dois servir d'égide aux débuts de l'auteur,
Quand, tout tremblant, il vient devant son auditeur ;
Un coup injuste, ou dur peut l'étouffer, te dis-je
Comme un bouton de fleur arraché de sa tige,
Perdant son avenir, il meurt à peine éclos,
Ainsi qu'un faible enfant emporté par les flots !
Regarde ici : l'erreur fera sacrifier
Ce juste, qu'un seul mot pourrait justifier,
Ecoute... il n'est pas dit.... Hélas ! l'indifférence
Arrête mon élan, m'accuse de démence...
Ainsi donc va le monde... il compose ses maux :
S'il voulait m'écouter, ses jours seraient si beaux !

— La pitié, Charité, rend ta voix douloureuse,
Mais parfois elle vibre, et forte et chaleureuse ?

— Je soutiens l'être faible et je sers l'opprimé,
Tous deux je les défends du souffle envenimé ;
J'implore la justice au nom de la clémence,
J'adoucis ses arrêts. Enfin, pour l'innocence
Je réclame ardemment la force de son bras,
Oh ! que ma voix souvent lui cause d'embarras !

Il faut protéger l'une, il faut corriger l'autre,
Et des deux à la fois je me suis faite apôtre...

— Mais encor, Charité, désigne tes enfants !
La Charité répond : Tous LES ÊTRES SOUFFRANTS.

Grand-Montrouge, 1852.

Montmartre.—Imp. de PILLOY, LANGRAND et C., boul. Pigale, 50

www.ingramcontent.com/pod-product-compliance
Lightning Source LLC
Chambersburg PA
CBHW061136050726
47594CB00005B/2239